악어의 입속으로 들어가는 밤

마경덕 시집

상상인 시선 028

악어의 입속으로 들어가는 밤

초판 1쇄 발행 | 2022년 1월 3일
초판 3쇄 발행 | 2023년 8월 31일

지 은 이 마경덕

펴 낸 곳 도서출판 상상인
펴 낸 이 진혜진
편　　집 세종PNP
책임교정 종이시계

등록번호 572-96-00959호
등록일자 2019년 6월 25일
주　　소 06621 서울시 서초구 서초대로74길 29, 904호
전화번호 02-747-1367, 010-7371-1871
팩　　스 02-747-1877
전자우편 ssaangin@hanmail.net

ISBN 979-11-91085-41-9 (03810)

값 10,000원

* 이 책은 전부 또는 일부 내용을 재사용하려면 반드시 저작권자와 도서출판 상상인의 동의를 받아야 합니다

* 이 도서의 국립중앙도서관 출판시도서목록(CIP)은 서지정보유통지원시스템 홈페이지(http://seoji.nl.go.kr)와 국가자료공동목록시스템(http://www.nl.go.kr/kolisnet)에서 이용하실 수 있습니다.

악어의 입속으로 들어가는 밤

* 저자의 의도에 따라 작품의 보조 동사와 합성 명사는 띄어쓰기가 달라질 수 있습니다.

* 본문 페이지에서 한 연이 첫 번째 행에서 시작될 때에는 〈 표기를 합니다.

시인의 말

24시 순댓국집에 밤일 나가는
아래층 다솜이 엄마도
내가 시인이란 걸 얼마 전에 알았다

시는 써서 뭐한데요
요즘 누가 그런 걸 읽어요

살기 어렵다고 내 밥을 걱정해 주는
착한 이웃이 있어

다시 시를 쓴다

마경덕

■ 차례

1부

객짓밥	018
못주머니	020
근육들	022
밑장	024
공중무덤	025
식빵의 체온	026
만가挽歌	028
사라지는 순서	030
압화壓花	032
측백나무 서재	034
비문非文의 날들	036
층층, 또는 겹겹	038
식탁의 버릇	040
통구멩이	042
거울의 습관	044
카페 후미개	046
졸업사진	048

2부

귀천歸天	050
아직도 둠벙	052
초록입홍합	054
방음벽	056
기적의 재료	058
물컹한 돌	060
브레이크 타임	062
오작동	064
원숭이걸상	066
쬐깐 것	068
우리들의 복도	070
깁스 신발	072
친절한 점자블록	074
편식주의자	076
아득한 거리	078
게발선인장	080
내부 수리 중	081

3부

설탕유리창 … 084

구피 키우기 … 086

빌려 쓰다 … 088

바람의 악력握力 … 090

파본破本 … 092

코팅, 가루. 캡슐 … 094

사슴벌레의 우울증 … 096

해바라기의 오해 … 098

선글라스 효과 … 100

매트의 공식 … 102

건조중 … 104

즐거운 찰흙놀이 … 106

밥 걱정 … 108

올해의 나이 … 110

나팔꽃 조등 … 112

뻐꾹채는 피고 … 113

파닥파닥 … 114

4부

비누꽃	118
완창	120
우맹牛盲	121
젖다	122
도마의 구성	124
화초양배추	125
밀서의 계절	126
커피잔과 머그컵	128
겹	130
취급주의	132
개살구나무	133
책 무덤	134
위험한 부력浮力	136
새장	138
닭발	140
악어의 입속으로 들어가는 밤	142

해설 _ 고백하는 타자들과 너머의 언어 145
　　　신상조(문학평론가)

1부

객짓밥

하나님은
저 소금쟁이 한 마리를 물 위에 띄우려고
다리에 촘촘히 털을 붙이고 기름칠을 하고
수면에 표면장력을 만들고

소금쟁이를 먹이려고
죽은 곤충을 연못에 던져주고
물 위에서 넘어지지 말라고 쩍 벌어진 다리를
네 개나 달아주셨다

그래도 마음이 안 놓여
연못이 마르면
다른 데 가서 살라고 날개까지 주셨다

우리 엄마도
서울 가서 밥 굶지 말고, 힘들면 편지하라고
취직이 안 되면
남의 집에서 눈칫밥 먹지 말고
그냥 집으로 내려오라고
기차표 한 장 살 돈을 내 손에 꼭 쥐여 주었다

〈
그 한마디에
객짓밥에 넘어져도 나는 벌떡 일어섰다

못주머니

군용 천막으로 만든 국방색 못주머니
목수인 아버지 허리에 매달려 살았다
나로도, 녹동, 광양, 거문도까지
파도를 넘어 일거리를 찾아 따라가던 못주머니

바쁠 땐 아버지 입이 못주머니였다
서너 개씩 입에 물리던 못들
망치 소리 빨라지면 입에 물린 못들도 하나씩 사라졌다
손에 박인 못자국과 비릿한 쇳내는 모두 못주머니에서
나왔다

탕, 탕 망치의 장단에 나무의 뼈가 이어지고
기둥이 서고
지붕이 덮이고
집들이 일어섰다

미송 나왕 소나무 편백
단단하고 여린 나무의 속살을 매섭게 파고들던
대못 무두못 실못 납작못
집 속으로 사라진 그 많은 못은

집의 뼈가 되어 돌아오지 않았다

늦은 밤, 지친 허리를 놓고
나무연장통으로 들어가던 초라한 못주머니
온갖 못들이 전대처럼 생긴 주머니에 우글거리며 살았지만
못에 찔린 상처와 먼지뿐
탈탈 털어도 땡전 한 푼 나오지 않았다

누군가 골목에 버린 다리 삐딱한 의자를 보면 문득,
꽝꽝 못질을 하고 싶다

그런 날은 오래전에 돌아가신 아버지가
허어, 못 한번 치면 쓸 만한데…

어느새 못주머니 차고 망치 들고 나오신다

근육들

근육을 소비하고 순식간에 사라지는 소낙비, 근육이 빠진 어느 정치인의 공약처럼 바닥에 뒹군다

몸집을 키운 사내들이 괴물처럼 변해버린 육체를 전시 중이다 전봇대를 붙잡고 버티는 헬스클럽 광고지, 비에 젖은 종이의 근육도 만만치 않다

선거 벽보를 장식하던 노인의 이름에도 근육이 있었다 소나기처럼 찾아온 권력은 자주 뉴스에도 등장했다 쉽게 무너지지 않는 하늘이 있었다

화폐의 근육으로 터질 것 같은 금고들, 인맥이 촘촘한 저 노인도 화폐 속에 숨은 질긴 실처럼 자신의 전부를 은폐했다

바다의 근육으로 쫄깃한 모둠회가 나오기 전 쓰끼다시로 등장한 흐물흐물한 연두부, 이 빠진 노인 같다 입속에 살던 서슬 푸른 호령은 퇴화하고 혀의 걸음도 어눌한

기억은 누수되고 한도 초과인 노인의 카드에는 근육이 없다

〈

 "가만히 있어도 해마다 근육은 감소됩니다" 의사는 그것도 병이라고 했다

 하루치 근육을 다 써버린 태양이 서쪽 능선으로 내려앉는다

밑장

계곡을 거슬러 오르는 민물고기들
포물선으로 공중을 걷는다
앞으로 나가는 안간힘이 상류로 밀어 올린다
멈추면 급류에 떠내려가
하류에 닿는다
이 계곡의 끝에 소금에 절인 바다가 있다

첨벙, 뛰어올라
찰나에 사라진 황금빛 잉어
찢어진 물거죽은 파문으로 술렁거린다
몸에 붙은 이물질이 가려운 물고기들
공중으로 솟구쳐 사정없이
호수에 제 몸을 내팽개친다
팔이 없는 물고기는 그렇게 살고 있었다

생존을 위한 치열한 패牌
한가한 풍경이
물밑에 감춘 밑장 한 장 빼 들었다

공중무덤

새벽이 숲을 켠다
나뭇가지에 낀 어둠이 뿔뿔이 흩어지고
밤새 보름달에 접속한 하늘은 해상도를 높인다

잠시도 귀를 굶기지 않는 나무들
일찍 새 떼를 풀어놓고 새소리로 아침을 먹는다
숲이 낳은 새들
지난밤 둥지에서 충전한 목소리가 사방으로 방전된다

새를 타고 산 너머로 날아간 나무도 있다
물똥을 싸도 잎사귀서랍에서 벌레과자를 꺼내주는 나무는
새와 같은 핏줄이다

서쪽 능선이 서둘러 붉은 이불을 편다
공중의 길을 지우는 어스름
정시에 숲이 닫히고 빈 둥지가 불안하다

새들의 무덤은 공중에 있다

식빵의 체온

방금 오븐을 빠져나온 식빵들
뜨거운 체온을 식히고 있다
훈훈한 기운이 빠져나가는 그사이
참새 한 마리 포르르 저쪽 가로수에 날아가 앉았다
빵집 앞 횡단보도
신호가 바뀌고 우르르 길이 열린다
구수한 냄새가 날아가는 동안,
세상에는 얼마나 많은 일이 벌어지고 있을까

침대 위에 툭 떨어뜨린 손을 주워
뺨에 비비던 그때
어머니는 잠깐 살아있었다
맥박이 지워지고 식어버린 손은
곧 제자리로 돌아갔다
빵이 식어가는 그 정도의 시간에,

따뜻한 온도가 '오늘의 빵'이다
말랑말랑한 오늘을 사려고 줄을 서는 사람들
비닐봉지는 입을 벌리고 성급한 포장지에 김이 서린다
딱딱한 어제는 세일로 묶여있다

〈

　누군가를 기다리는 식빵들, 마지막 손인 듯 빵을 붙잡는다

　따스하다

　아직 빵은 살아있다

만가挽歌

  그 소리는, 이슥도록 갯가를 떠돌다가 아스라이 멀어졌다

  산동네에서 아랫마을로 내려와 밤바다를 철썩이며 선잠을 흔들던 청승맞은 그 기운은
  언젠가 밤길에서 만난 혼불처럼 어둠의 틈새로 사라지고

  어느 순간 소리에 꼬리가 돋아 그 꼬리를 붙잡고 가늘게 명줄을 이어 갔다

  주거니 받거니
  물보라를 일으키는 애끊는 리듬은,

  풍랑에 남편과 두 아들을 잃은 종오 엄마가 다리 뻗고 바닥을 치며 울던 젖은 곡조여서 사무치고 사무치는 것이었다

  누구일까
  폐병쟁이 황 씨, 노름쟁이 곰보 천 씨, 지게꾼 학출이 아버지도 그 길을 따라갔는데
  〈

또 누구일까

날이 밝으면
집 앞을 지나가던 꽃상여와 꽃잎처럼 붉은 울음과 노 잣돈 없어 못 간다는 요령 소리가 귓전에 매달려

어린것이,
세상을 다 살았다는 얼굴로 눈물을 찔찔 흘리던 밤이 있었다

사라지는 순서

주검도 건어물처럼 말릴 수 있다

끈적거리는 내장과 젖은 두 눈을 파내고
심장에 달라붙은 한숨까지 쥐어짜면
입을 벌리고 죽은
딱딱한 북어의 자세가 된다

빈 껍데기로 천 년을 견디는 미라들
썩지 말라는 어떤 주술을 걸어놓았기에 이토록 끈질긴 것일까
 뼈보다 질긴 천 년을 만들고 백 년도 채우지 못한 이들은
 제 거죽을 짊어지고 어디로 갔는가

공사 예정지에서 출토된 무덤 한 기基
횟가루를 반죽해 만든 회격묘 안 내관
목관을 감싼 덧널 안에 조선시대 사대부 여인의 짧은 생이
염습의殮襲衣와 보공품에 고이 싸여있었다

함께 입관한 울음은 뿌리까지 썩어버렸고
삭아버린 염포나 버선은 수습하지 못했지만

함께 순장된 마지막 호흡과 임종을 지키던 안타까운 시간은
비단 금사 허리치마에 시퍼렇게 살아남았다

움푹 꺼지지 못하는 울퉁불퉁한 뱃거죽
그 배 속에 어미를 따라 사라진 태아의 흔적도 남았다
지우지 못한 윗니 아랫니 지문 손발톱이
사라지는 것에도 순서가 있다는 것을 말해준다

뜻밖에 어긋난 순서는 무덤 밖에서 시작되지 않았을까
언제부턴가 안방의 반짝거리는 장롱이 시들해지고
다정했던 자리가 식어가면
사람의 순서는 뒤바뀐다

본처 곁에서 먼저 발견된 후처의 미라
 후처의 자리는 생전에 꿰찬 자리였을까 사후에 차지한
자리였을까

 맨 끝까지 살아남은 것들, 마지막 자세는 늘 무덤 속에
서 발견된다

압화 壓花

매몰된 가을이 발견되었다

책을 끼고 그곳을 지나갔을 때
유난히 뺨이 붉은 꽃이 틈으로 뛰어들고
45쪽과 46쪽은 닫혔다

붉은 물을 토하며
서서히 종이처럼 얇아지는 동안
책은 책 밑에서 피를 말리고 있었다

계절이 계절을 덮치듯이
시간의 두께와 어둠에 내 기억은 갇혀있었다

방치된 것들은 대부분 변형을 일으킨다

책갈피 사이
책의 생각과 엉겨있는 꽃의 얼굴

꽃들이 선호하는 죽음은 태어난 자리에서 치르는 풍장
이다

〈
압사壓死를 두려워하는 꽃들

한 권의 책으로도
죽일 수 있는 게 많다

측백나무 서재

황금측백나무는 책꽂이 형식
그 앞에 서면 마치 서재 같다는 생각,
제목만 보여주는 가지런한 책들처럼
줄기에 수직으로 꽂힌 납작한 이파리들 모두 측면이다

손을 밀어 넣기 좋은 딱 그만한
틈과 틈, 시집 한 권 몰래 빼낸 자리 같다

천지天地를 짓던 셋째 날
섬세한 잎맥도 그리고 잎새 둘레 톱날무늬도 새기느라
하나님은 돋보기까지 찾아 쓰셨다
돌려나기 뭉쳐나기 어긋나기 마주나기, 잎차례도 정해
조각조각 그늘까지 붙여 태어난 나무들

천 가지 만 가지 달라야 하니 얼마나 머리가 아프셨을까

잠시 무릎을 펴고 둘러보니 사방천지
가로가로가로가로가로⋯⋯

문득 생각을 뒤집고 측백나무를 설득했을 것이다

책 한 권 없는 부자보다 책이 넘치는 가난한 시인을 사랑한다고
황금이란 호를 덤으로 얹어

하나님은 그때 각별한 시 한 편을 측백나무에 꽂아두셨다
그리고 나는 그 시를 필사 중이다

비문非文의 날들

　겨울을 베낀 난해한 하늘이 하얗게 쏟아지고 있습니다
눈오리집게가 아이들을 붙잡고 마당으로 달려 나갑니다
　복제된 오리들이 플라스틱 집게에서 줄줄이 태어나도
표절 시비도 없는 계절입니다

　차가운 눈오리를 만지면 심장이 아립니다
　나도 뼈가 시린 시 한 편을 써보고 싶습니다

　지난봄, 3월을 베낀 나무들이 똑같은 이파리를 빈 가지
에 붙여넣더니, 엔터키 하나에 푸른 문장이 증발했습니다
어차피 찬바람에 삭제될 비문이었지요
　그 여백을 채우는 눈이 내립니다

　한사코 눈길을 걸어 마트에 다녀온 할머니
　군데군데 받침이 빠진 할머니는 비싼 양조간장 대신 공
장에서 찍어내는 화학간장으로 생선을 조립니다
　부실한 문장엔 가시가 있지만 굳이 퇴고할 필요는 없
습니다
　나만 아니면 돼, 라는 은유가 나에게 있으니까요
　〈

사과를 돌려 깎던 언니는 '크다'와 '작다' 사이에서 '작다'에 밑줄을 긋고 얼굴을 돌려 깎았습니다
친친 싸맨 붕대를 뚫고 나오는 오타들이 바람에 흩어지는 눈송이 같습니다 압축된 문장이 점점 길어집니다
사과는 통째로 먹을 수 없으니 칼을 대는 게 맞다고 사족을 내밀었습니다 악어의 눈물은 역발상이 되기도 합니다

눈오리집게에 홀린 이이들이 흠뻑 젖고 있습니다

나는 오징어 게임을 보다가 달고나 속 우산을 도려내 우산을 쓰고 밖으로 나가고 싶어집니다
그것은 미래의 문장
과거의 문장 속엔 찢어진 우산만 수두룩합니다

창밖에는 꽥꽥 울지 못하는 비문들이 줄이어 태어납니다

층층, 또는 겹겹

폭력의 지층을 보여주는 저 투명한 수족관
다리와 몸통이 뒤섞인 무질서는 먼바다를 수입한 피의 연대기
짓밟고 올라타고 깔리고, 아우성이 선명한 저 상술商術은
모두 물속에 기록되었다

빽빽한 틈으로 혓바닥과 눈알을 집어넣는 사람들

저 가느다란 산소호스는 혹독한 고문의 도구
치솟는 물방울로 숨구멍을 터주며 서서히 죽이는 방식으로
주말은 부활한다

절반쯤 죽어 싱싱하게 꿈틀거리며
극한 통증을 넘어 내게로 오는 것들
러시아産 킹크랩, 랍스터
딱딱한 몸집에 탈피의 고통이 몇 번이나 다녀갔나 태연한 저울은
쉬지 않고 그들의 죽음을 계산하지만 절망의 값은 0이다
〈

쉭쉭 뜨거운 콧김을 내뿜는 길가에 늘어선 대게집 찜통들
30분마다 붉은 꽃을 활짝 피우며
쌓아놓은 물의 지층이 허물어진다

가족 나들이에 들끓는 주말을 맛보려고 들고나는 접시가 층층이다

불안한 호흡이 신의 결재를 기다린다

식탁의 버릇

씻고 먹으렴, 엄마는 손을 씻으라고 말하는 사람, 그때마다
우리들의 손은 소매 밖으로 숨거나 끌려 나오지
빨리 씻어! 등짝을 내리치는 악역은 할머니가 엄마에게 물려준 버릇,
그 말투는 여전히 식탁보다 먼저 튀어나오지

저녁뉴스에서 손을 씻은 도둑이 다시 손을 더럽혔다고 엄마가 혀를 차고, 제 버릇 개 못 준다고 할머니가 거들지
그사이 파리 떼가 도둑처럼 식탁으로 달려들지
이때 나는 파리들의 다정한 엄마처럼
손은 씻었니?

틈만 나면 세수하고 다리까지 씻는 파리와 함께 밥을 먹어도 될까?

파리채에 쫓겨난 파리
벽과 천장에 붙어
손을 씻는 걸까, 싹싹 비는 걸까
〈

엄마, 한집에 살면 우리 식구가 아니에요?
엄마가 눈을 흘긴다

청결하고 간절한 손을 가진 파리에게 밥풀 하나 주지 않는다면
오늘 밤 우리들은 베개를 안고 뒹굴 것이다
배고픈 밤은 슬픈 밤이니까

식탁에 엎어진 김칫국물에 널어놓은 행주가 날려왔다
어머니, 그건 걸레예요
화들짝 놀란 걸레는 다시 제자리로 돌아갔다

파리도 걸레일까, 걸레는 하얗게 삶아도 걸레니까

통구멩이

　광양 언니가 택배로 보내온 통구멩이
　뱃머리 닮은 둥글넓적한 대가리 거무죽죽한 몸통이 허름한 통통배를 닮았다

　뱃사람들 밥해주고 빨래해주고 막걸리통을 져 나르던 학교 문턱도 못 가본 앳된 총각
　입 하나 덜자고 어린것을 고깃배에 실어 보냈다는 어미는 병으로 죽은 지 오래,
　양동이로 바닷물을 퍼 올려 갑판을 닦으며 '배호'를 부를 때 장충단공원 짙은 안개가 피어올랐다
　얼굴 모르는 그의 아비도 안개에 가려 끝내 나타나지 않았다

　걸핏 밥을 태우고, 반찬은 짜고, 말귀마저 어두워 귀싸대기 벌겋게 부어올랐다
　하늘 아래 혼자라서 젖은 장홧발에 차였다
　그래도 밥은 실컷 먹어요, 씩 웃던 머리통이 큰 화장大匠*

　파도가 무서워 울고 멀미에 울고 엄마가 미워서 울었다는 그의 이름은

그저 화장이었다

손톱 밑이 까만 그 총각, 남해에서 붙잡혀 오늘 서울까지 왔다

* 화장 : 배에서 밥 짓는 일을 맡은 사람.

거울의 습관

주름 많은 여자가
주름치마를 입고 거울 앞에 서 있어요

얼굴을 마주하면 불편한 거울과
솔직해서 속상한 여자의 사이에 주름이 있습니다

한때 미모로 주름잡던 여자는
두 손으로 구겨진 얼굴을 펴고
거울은 한사코 나이를 고백합니다
수시로 양미간에 접힌 기분은 흔적으로 남았습니다

주름진 치마는 몇 살일까요
저 치마도 찡그린 표정입니다

치마는 주름 이전만 기억하고
얼굴은 왜 주름 이후만 기억하는 걸까요

거울처럼 매끈해지려고 여자는
굳어진 표정을 마사지로 수선 중입니다
〈

접혀서 아름다운 건
　커튼과 꽃잎, 프릴과 아코디언, 사막의 모래물결, 샤페이, 기다림을 꼽는 손가락…

　거울이 겉주름을 보여줄 때 속주름은 더 깊어집니다
　여자와 거울
　둘의 관계는 쉽게 펴지지 않아요

　양미간을 찡그리는 습관보다
　거짓말을 못 하는 거울의 습관이 더 무섭습니다

카페 후미개

남한강 언덕배기 너와집 한 채
금이 간 흙벽 불씨 마른 호롱이 걸려있다

오래전 폐업한 카페 후미개
퀴퀴한 냄새가 달려 나오고
소파가 먼지를 탈탈 털며 앉으라 한다
반쯤 타다만 장작
싸늘한 벽난로에 둘러앉아 젖은 등 말리는 등받이 의자들

카페의 메뉴는 정적이다

벽에 붙은 반라의 여자, 너무 오랫동안 웃었다
맥주잔을 들고 폭소를 터뜨리는 여자의 웃음은 소리가 없다
두 개의 보형물이 들어있는 풍만한 가슴
김빠진 맥주잔, 거품이 철철 넘친다

카페의 메뉴는 어둠이다
〈

오래전 숨을 멈춘 냉장고
꽁꽁 어둠을 얼려 판다
원한다면 네모와 별 모양의 어둠을 사갈 수 있다
눈금 풀린 저울이 무게를 달 것이다

카페는 지금도 성업 중

흙마당을 기어 온 민들레 손님
봄햇살 한 잔을 주문한다
너와집 한 채
더듬더듬 허물어진 뒷담을 넘어가
개망초 무더기에 앉아있는
봄볕 한 움큼 담아 온다

졸업사진

운동장에 모인 우리들
층층이 나무의자를 쌓고 줄을 맞추고
키 작은 나는 맨 앞줄 가운데 앉았다
얌전히 두 손을 무릎에 얹고

사진사가 사진을 찍으려는 찰나,
선생님이 내 이름을 불렀다

고무신을 신었으니
뒤로 가라고,

운동화 신은 키 큰 아이를 불러 내 자리에 앉혔다

초등학교 앨범을 펼쳐도
맨 뒷줄
내 얼굴은 보이지 않는다

까치발로 서 있던 부끄러운 그 시간이
흑백사진 속 어딘가에 숨어있다

2부

귀천歸天

산 중턱이 누군가를 지우고 있다

오래전 이곳을 지나갈 때
앳된 여자가 엎드려 울던 곳이었다

이듬해
붉은 사과 하나가 울음의 발치에 오도카니 놓여있었다

억새가 봉분을 올라타고 히이잉 늙은 말소리로 울 때
사람의 기척은 들리지 않았다

무심히 밟고 지나간
납작한 흔적은
천천히 쉬지 않고 가라앉는다

내가 바라보는 동안에도

캄캄한 안쪽의
안쪽으로,
〈

아무 일도 없다는 듯, 끝내

무덤은 무덤에서 벗어나고 있다

아직도 둠벙

잠잘 때도 둠벙의 지느러미는 자라고 있었다

물풀 사이로 뛰어든 돌멩이에 맞아
물의 힘살이 오그라들고
파닥파닥 물속에서 꽃이 피었다

논둑길 옆 둠벙의 뿌리는 구지레한 물풀과 자잘한 금붕어들
발소리에 속아
내뱉은 물방울을 물고 사라지던 그 허전한 뒷모습들

빈집처럼 수면이 닫히면
곁에 앉은 냉이꽃 모가지를 똑똑 따서 던졌다

저것들 무얼 먹고 사나

하굣길 논둑에 앉아
도시락에 남겨둔 식은밥 한술 던져주면
밥풀때기에 요동치던 둠벙의 꼬리가 칸나처럼 붉었다
〈

아무 일도 없다는 듯, 끝내

무덤은 무덤에서 벗어나고 있다

아직도 둠벙

잠잘 때도 둠벙의 지느러미는 자라고 있었다

물풀 사이로 뛰어든 돌멩이에 맞아
물의 힘살이 오그라들고
파닥파닥 물속에서 꽃이 피었다

논둑길 옆 둠벙의 뿌리는 구지레한 물풀과 자잘한 금붕어들
발소리에 속아
내뱉은 물방울을 물고 사라지던 그 허전한 뒷모습들

빈집처럼 수면이 닫히면
곁에 앉은 냉이꽃 모가지를 똑똑 따서 던졌다

저것들 무얼 먹고 사나

하굣길 논둑에 앉아
도시락에 남겨둔 식은밥 한술 던져주면
밥풀때기에 요동치던 둠벙의 꼬리가 칸나처럼 붉었다
〈

물 위를 걷는 바람의 발끝이 언뜻언뜻 비치는 날
뜨거운 이마에 손을 얹어주던 서늘한 물의 손
그때 알 수 없는 설렘이 물풀을 흔들고
물비린내에 부푼 오후의 물빛이 내내 아롱거렸다

저물녘
어둑어둑을 물고 가만히 가라앉던 둠벙

쌀붕어 한 마리 몰래 넣어준,

오래전 사라진
둠벙의 붉은 꽃을 나는 물이끼처럼 붙잡고 있다

초록입홍합

홍합에게도 입술이 있구나
껍데기에 초록 테두리를 두른 곳까지 둥근 입이다

얼굴의 절반을 차지한 커다란 입술은
뉴질랜드 초록 바다를 보호색이라고 믿었을까
투명한 초록 물빛에 숨지 못해 그곳을 떠나왔을 것이다

붉은 입을 가졌다면
혹은, 검은 입을 가졌다면
누가 네 입을 맞추려 했을까

매끼 밥상에 오른 초록입으로
해안가 마오리족은 어느 부족보다 관절이 튼튼했는데

너는 살기 위해 플랑크톤을 잡아먹고
뼈가 무른 사람은 너를 잡아먹는다

어느 시인은
목이 길어 슬픈 짐승을 사슴이라고 했는데
나는 네 입이 초록이어서 다행이라고 쓴다

〈
초록검색창에 초록입이 뜬다

네 입술과 내 입을 맞추면
너는 내 관절과 입을 맞추리라

차마, 예의가 아니지만
부실한 두 무릎을 초록입술에게 내민다

방음벽

돌진하는 새들
어디로 가는 중이었을까
봄부터 이어진 박새 참새 곤줄박이의 투신이 지역신문 헤드라인이 되려면 더 많은 새들이 죽기를 기다려야 한다

새들만이 아니었다

사차선 차도에서 튕겨 나와 벽과 충돌한 굉음은 파편이 되어 흩어졌다
신기루와 비행이 만나는 지점,
이곳은 묘지였다

질주하던 속도와 정면충돌한 사건이 중앙선을 넘고 벽을 뛰어넘었다
무단 침입한 잡음은 아파트보다 높이 자랐다
최대한 키를 높여 달려드는 소리를 죽이겠다고
잠을 설친 의견들이 둘러앉았다

방음벽은 마지막 배수진
주민들은 새들 따위는 금방 잊었다

새의 죽음을 이야기한 시인이 있었지만 날아오는 화살에 곧 입을 다물었다
담쟁이를 심자던 숲해설가도 일조권에 밀리고 말았다

누군가는 새들의 죽음은 자살이라고 했지만 새들은 스스로 머리를 박거나 날개를 꺾지 않는다

하늘을 달리는 날개들은 머리를 들이박고 뼈가 부러진 소리들은 투명 방음벽 아래 수북이 쌓여간다

공중에도 로드킬이 있다

기적의 재료

병_病은 사람을 재료로 쓴다
식도, 간, 위장, 췌장, 자궁… 병실마다 재료는 넘친다

부위별로
또는 온몸이 재료가 되면 도마 같은 수술대에 누워야 한다

통증은 과정이고 완성된 작품은 죽음이다

메스보다 빠르게 다녀간 가족력_{家族歷}
우주복을 입은 아이들마저 중력을 잃고 허우적거린다

출처를 밝혀 뿌리를 뽑거나 항생제로 고사_{枯死}를 시키거나,

인간의 방법은 진부해서
스스로 재료가 되겠다고 몸을 내놓은 사람도 있다

어느 날 배송된 특별한 선물
호명된 자들이 포장지를 푸는 순간, 모두 포장이 되어 사라졌다

〈

　더러, 주재료에 간절한 부재료가 첨가되면 기적은 일어난다
　말의 재료는 마음이어서
　절망에 기도라는 처방전이 더해지면 하늘의 귀가 열린다

　신도 인간을 사용할 때 가장 큰 기적을 일으킨다

물컹한 돌

저 단단한 돌은
죽은 물고기 떼, 빙하를 따라 흘러온 암석의 파편
깨진 물거품, 바람과 파도의 부스러기
쌓이고 쌓인 부드러운 퇴적물을 공룡이 밟고 지나갈 때
물컹, 물컹, 육중한 체중이 찍혔을 것이다

뻘을 밟는 느낌이었을까
중생대 백악기의 발바닥에서 비릿한 냄새가 난다

짠물에 침식된 아득한 시간, 물컹한 것은 제 가슴에 발자국 본을 뜨고 있었다고
  해안에 둑을 쌓고 뭍으로 올라와 증언한다

공룡을 버리고 뼈도 버리고
발자국만 품은 저 화석
  그때 발을 빠뜨린 공룡은 발목을 들고 어디로 사라졌을까

깊은 어둠이 되거나 파도의 발길질에 사라질 하찮은 것이
이토록 오래 살아남을 줄 공룡은 짐작이나 했을까

〈
익룡까지 키운 까마득한 힘으로
숨을 쉬는 돌

누가 역사인가
거대한 것들은 지구에서 사라지고 밟히는 것들만 살아
남았다

저 물컹한 것이 증인이다

브레이크 타임

그 많던 태극기는 어디로 갔나

내 어릴 적
아버지는 낡은 국기함을 열고 맨 먼저 대문 옆에 삼일절을 꽂았다
그때마다 근엄한 표정으로,

비밀문서를 품은 독립투사의 표정이 저랬을까

태극기를 꽂고 돌아서면 그제야 새벽이 어둑한 골목을 들어서는 것이었다
옆집 윗집 아랫집 대문 옆에 국경일이 하나씩 꽂힌 후
아침밥을 짓는 연기도 굴뚝을 타고 올랐다

종일 바람에 펄럭거리던 동네
깃발을 바라보면 무언지 모를 설렘이 있었다

길거리에 애국가가 울려 퍼지면
걸음을 멈추고
오른손을 가슴에 얹고 차렷!

〈
국기에 대한 맹세는 국기에 대한 예의였다
우리는 국기를 하늘이라고 배웠다

태극기 그려볼 사람?

아무도 손을 들지 않는다
아이들은 정직하다

집집마다 장롱 서랍에 살던 태극기들
불현듯, 광장을 뒤덮은 태극기 물결도 사라졌다

허공에 지친 바람도, 바람에 지친 허공도
모두 쉬고 있다

오작동

당신을 켤 수 없어 나는 소음이 된다

그럴 때마다 서로 조금씩 지워진다
소음을 소리라고 발음할 때
우리가 우리였듯이

잡음은 헝클어진 당신의 머릿결
방치된 기분으로
당신을 바라보는 나의 눈빛

칡나무와 등나무처럼 우리는 각자의 방향을 섬기고
한자리에서 두 개의 줄기가 자라
서로의 머리가 되려고 한다

내가 북극곰을 데려오면 너는 남극의 펭귄을 불러내고,

저 너머를 만지려던 손은 방전된 배터리처럼
빈손으로 돌아온다

오작동이다

사용설명서는 어디에 있을까

빛이 사라진 이곳은 너무 어둡다
스위치를 찾아 벽을 더듬는다

출구를 찾아 뛰쳐나가려고

원숭이걸상

호두나무를 타고 오르던 바람의 발목은 온통 초록이었다

직박구리 노래 한 쌍과
풀물 든 바람의 목소리를 들려주던 호두나무 잎들

한 장 한 장, 엮으면 널따란 그늘이었다

뒤꼍 늠름한 호두나무에 첫눈에 반해 작은 방 한 칸 얻고
호두나무 동거인으로 전입했다
매달 꼬박꼬박 임대료를 챙기는 주인은
나뭇가지를 타고 노는 바람소리와
이파리에 숨겨둔 은근한 향기는 한 푼도 계산하지 않
았다

오월, 느닷없이
파랗게 질린 비명이 마당에 널브러지고
안간힘이 호흡 몇 장 내밀더니
끝내 기둥처럼 말라버린 호두나무 미라

한철 비에 젖더니

밑동에 원숭이걸상버섯 하나 매달아 놓았다

원숭이 엉덩이에 딱 맞는
의자는 비었는데

아무리 기다려도 원숭이는 오지 않는다

쬐깐 것

안산역 돼지껍데기집
젓가락이 놓아버린 껍데기 한 점 비릿하다
접시에 담겨 나온 껍데기에
달라붙은 유두 몇 알

꿀꿀꿀 어디선가 돼지 울음이 몰려온다

우리 집 흑돼지
한배에 태어난 열두 마리 새끼들
시도 때도 없이 젖을 물어뜯어도
어미는 품을 열어주었다
끝내 헐어서 피가 맺힌 어미돼지의 쓰라린 유두

젖을 물리며 나도 그렇게 어미가 되었다

미처 세상을 알지도 못한
그 쬐깐 것,
석쇠에 굽고 고소한 콩가루에 찍어
삼킬 수도 없는
비린 슬픔 한 조각

〈
창밖 빗소리에 어디론가 떠내려간다

우리들의 복도

그때 수많은 생각이 아파트 복도를 걸어가고 있었지
복도는 복도를 떠나 살 수 없으니까

뒤따라오던 복도는 돌아보면 걸음을 멈추었지

뒤죽박죽 무거운 저녁을 끌고
아침은 없을 거라고 중얼거렸지
세상의 끝에 닿았을 때
눈치 빠른 복도는 그때마다 구석을 가리켰어
입이 무거운 복도는 믿을 만했지

날마다 36.1명, 자신을 포기한 죽음이 통계에 오르고
그 숫자에 **빠졌다가**,
빠져나왔다가

누군가 먼저 난간을 다녀간 흔적 앞에서
그림이 되지 못하는
얼룩을 한 점 더 그려야 하나

달빛이 기울듯 결심이 기울고

복도는 저편으로 걸어가고 있었지
재빨리 방향을 바꿔 복도는 걸어가고 있었던 거야

복도가 걸어갔다면 누가 믿겠어
하지만 분명 앞서 걷기 시작했어

복도의 끝에서
한 여자가 마지막 신발을 벗기 전에

깁스 신발

골목 담벼락 밑
누가 벗어버린 오른발일까
신발 한 짝을 적시는 봄비의 목소리가 처량하다

모처럼 몰려온 봄비에
목발 집어 던지는 소리, 나긋나긋 깁스 풀리는 소리
봄비를 수혈한 나뭇가지들
비 그치면
겨울의 붕대를 풀고 마음껏 저 공중으로 걸어갈 수 있겠다

이 소란한 봄날
담 밑에 주저앉은 신발은 어느 캄캄한 골목을 헤매는 것일까

아픈 발을 감싸며 한 발 한 발 걸음을 고르고
골목을 오갔을 한 몸의 시간
중심을 잡던 그 힘을 제 것으로 믿었을 것인데,

비명을 지르던 뼈에 물이 오르고

발등이 빠져나간 자리 휑하다

한 발짝도 걷지 못하는 저 깁스 신발

팽개치고 싶은 무거운 몸을 싣고 절뚝거릴 때
그는 살아있었다

친절한 점자블록

도시는, 손으로 읽거나 발로 읽는
두툼한 점자책이다

스크린도어 앞에 매달린 점자를 쓰다듬다가
바닥에 깔린 올록볼록한 활자를 바라본다

뒤따라오거나 앞서 걷는 요철은 횡단보도 앞에서 멈추다가
끈질기게 이어져

엘리베이터, 화장실 앞까지 안내를 하고
그 자리에서 친절하게 기다려준다

경계선을 따라가면 입구가 나오고
문이 열려도
더듬더듬 지팡이로 읽어내는 이 책의 주인은 좀처럼 보이지 않는데

도로 곳곳에 펼쳐놓고 누구를 기다리는 것일까
〈

도시의 지극한 배려에도
아무도 읽지 않는 노란 점자책

무거운 캐리어가 덜컹덜컹 읽고 간다

편식주의자

한 모금의 물도 거부하는 메마른 입술
말라죽은 나무의 흔적만을 삼키는 위장은 늘 건조하다

모래알처럼 씹히는 숫자와 거래내역이 그의 밥이다

사막을 붙잡고 살아가는 낙타풀처럼
동네 농협 한 귀퉁이에 기대어 살아가는 그, 손을 얹으면 맥박이 뛴다
죽은 것처럼 그는 살아있다

종이쪽지나 받아먹고 살아가는 소심한 그에게는
먼 나라 이야기일까
후회를 씹으면 이런 소리가 날까

이른 새벽
이동파쇄차가 도착하고 박스들을 줄줄이 삼켰다는 이야기
그동안 지켜온 이미지를 훼손할 수 없으니
완벽하게 이미지를 부수라는 어느 고객의 주문대로
재빨리 불온한 과거를 삼켰다는,

〈
악몽의 꼬리를 자르고 입가에 묻은 불안까지 털어낸
입이 큰 동료의
은밀한 외식外食을 그는 알고 있을까

작은 입을 가진 종이파쇄기
내가 버린 쓸모없는 숫자들 맛있게 삼킨다

아득한 거리

아득함은 맨밥처럼 목이 멘다

마른입으로 훌쩍 봄을 건너간 살구나무
볕에 뜸들여 수북이 담은 그릇그릇의 봄,
텅 비었다

꽃들의 설거지는 순식간이다

지난봄 옥상에 걸어둔 약속에 불을 지펴
한 솥 가득 와글와글 풍경을 짓는 동안
나는 무엇을 바라보고 있었을까

한때의 절창을 건네주려
태양을 한 바퀴 돌아 가파른 계단까지 오른 것인데,

며칠 한눈을 판
그 사이

한술도 뜨지 않은
봄을 하얗게 쏟아버린

그 적막한 시간을 뭐라고 적어야 하나

구름 같은 꽃잎을 들고 봄볕에 기울며
바람에 흔들리며
홀로 견딘, 그 막막한 떨림을

게발선인장

작은 토분 속에서
고물고물 발이 기어 나온다
마디마디 볕에 달군 발가락
게거품처럼 수북이 부풀었다
허공에서 디딜 곳을 찾는 게발선인장
눈치 빠른 눈과 단단한 게딱지도 버리고
믿는 건 발가락뿐, 게걸음만이 살길이다
빨갛게 독이 오른 너는 지금 위험한 동물
다급하면 그 발도 버려야 한다
종종걸음치던 모래밭은 멀리 있다
발바닥에 모래를 묻히고도
바다를 모른다고 고개를 젓는구나
발끝에서 꽃이 터지는 네 조상은 꽃게였다
빨갛게 부어오른 핏빛 발톱
얼마나 먼길을 걸어왔느냐
살짝 건드리니 발가락 하나 뚝 떼어준다

내부 수리 중

오른쪽 다리를 다친 시누이
친친 깁스를 하고 목발로 걸어와
아픈 다리에
어서 낫도록 몇 자 적어달라는데

서슴없이 매직펜으로 써 내려간
"내부 수리 중"

박장대소에 시누이도 따라 웃는데
문득 "내부 수리"라는 말이 가슴을 친다

세상 만물을 지으시고
내 머리칼도 다 세는 그분이
지금
설계도를 꺼내놓고 부러진 뼈를 맞추고 계신 것이다

자칫 공사 기간이 길어질 수도 있으니
뼈가 굳을 때까지 조심히 걸으라고

"내부 수리 중"
공사 팻말 하나 깁스한 다리에 세워 두었다

3부

설탕유리창*

액셀을 밟고 돌진하는 자동차
통유리창을 뚫고 허공으로 튕겨 나간다
파편은 소나기처럼 객석으로 쏟아진다

찰나의 속도는 슬로비디오
슬로모션으로 편집된 죽음의 공중회전은
허공에 꽃으로 피어난다

명장면은 눈으로 씹어 천천히 삼켜야 한다

이제 폭력은 즐거운 오락이다
잔혹하게 피를 흘려야 심장이 쫄깃해진다

맥주병은 흉기가 되고
맨주먹에 유리창은 박살이 난다
주먹에 묻은 피를 쓱, 핥는 주인공

다치지 않는 기술은 설탕의 혁명이다

스릴과 막장을 기다리는 달콤한 소품들

설탕의 활약이 없었다면 저 많은 객석을 채울 수 있었을까

갈수록 잔인해지는 스릴러 영화들
설탕은 누구든 찌를 수 있다

목숨을 걸어라
NG는 없다

명장면은 오직 한 컷이다

* 물, 물엿, 설탕, 주석영을 녹여 만든 설탕유리. 영화 소품으로 쓴다. 안전을 위해 맥주병, 유리컵도 설탕으로 만든다.

구피 키우기

빙빙 동그라미를 그리는 작은 어항은 트랙입니다

앞서거니 뒤서거니, 저것은 경주일까요
습관일까요

뒤편은 하얀 벽입니다 무늬가 없는, 지루한
암막커튼입니다

마주 보이는 식탁에는
후루룩 늦은 아침을 건져 올리는 나무젓가락 같은 사내와
늦은 밤 휴대용 가스레인지를 켜고
양은냄비에 물을 끓이는 여자의 등이 보입니다

달리기 선수들은
식탁의자에 우두커니 앉아있는 저녁과
자정 넘어 돌아온 여자를 반기는
낡은 식탁 하나가 세상의 전부라고 믿습니다

투덜대는 여자의 목소리에

거실을 빙빙 돌던 사내가 구피를 깨워 밥을 줍니다

배고픈 구피들이 잠에서 빠져나와
빠르게 트랙을 달립니다

어항 속으로 들어온 사내도 구피를 따라
달리기 시작합니다

카리브해는 멀리 있고,

물속에 그린 동그라미는 금세 지워집니다

빌려 쓰다

그가 죽었다
병원에 고액의 사용료를 지불하고 연장한 시한부 목숨이 끝났다

정산을 마친 죽음들은 즉시 서쪽의 나라와 계약을 맺는다

임대 기간 중
자해는 인재, 실종이나 사고는 천재지변으로 인정한다
계약을 임의로 파기하면 남은 유족들은 혹독한 대가를 치러야 한다

실연을 당한 P는 제 소유라고 믿었던 애인에게
과다 지출한 연애로 끝내 욕실에서 숨졌다
목을 매거나 유서를 써야 하는 부채가 가장 악명 높은 부채이다

목숨을 계약한 생일은 반드시 기념을 해야 한다
케이크를 망치는 촛불
누적될수록 생의 마일리지는 줄어든다 그가 떠난 자리

에 또 다른 불치병이 눕는다

 사용료가 인상되어도 어쩔 수가 없다 밀린 이자와 원금은 장례비로 수납하고 임대계약은 끝이 난다

 신에게 빌린 몸은 신의 나라로 가야 한다

바람의 악력握力

저 몸짓, 흔들거나 낚아채거나
오래된 습관으로 바람은 주먹을 쥐고 빠르게 북상한다
풍속風速은 근육의 힘, 움켜쥐는 순간
나무의 머리채는
머리끄덩이가 된다

흩날리는 머릿결, 눌러쓴 가발이 불안하다 일기예보는 외출을 취소한
내 기분과 가깝다

더없이 부드러운 악력도 있다
창밖 배롱나무
짓궂은 손가락 하나가 허리께를 간질이자 가지 끝이 움찔움찔,
참을 수 없는 간지러움에
허공의 손아귀가 풀리고 있다

떨어진 잎사귀는 나무들이 놓친 손가락이다

실시간 바람의 주먹질을 보여주는 텔레비전

악력기와 완력기 틈에서
9월의 등이 휘는 소리는 자막으로 뜬다

뼛속에 바람이 든
구불거리는 파마머리는 몇 킬로그램의 악력으로 휘어졌을까
리모컨을 차지한 딸은 엄마의 악력을 이긴 지 오래다

기세등등 몰려온 태풍들은 먼바다로 물러가며 주먹을 편다

파본破本

꽃잎의 실밥이 터지고 있다
한 묶음으로 제본된 봉오리는 과월호처럼 버려진다

교정을 마친 가지 끝에
희디흰 햇살이 꽂히고 봄의 속지에 물이 번져
목 좋은 자리에 전시된 목련,

출간을 하자마자 성급한 바람이 책장을 덮는다

제본공이 표지를 마무리할 때도 베스트셀러로 떠올랐다
하나하나 낱장을 이어붙인 문장들
긴 추위를 건너며 우리는 얼마나 눈부신 절창을 기대했는가

이하 생략…
이하 동문…
우수수 무더기로 넘어가는 꽃잎 활자에 야근을 하던 인쇄공도 손을 털었다

리뷰, 평점은 없었다

〈
거리에 버려지는 봄의 파본들
여전히 바람과는 라이벌 관계다

코팅, 가루. 캡슐

동굴처럼 깊고 어두운
몸의 길
물 한 모금에 주저 없이 목을 넘는 색색의 약들
달콤하고 쓴 성질대로
코팅을 하고 캡슐에 몸을 숨겼다

스스로 몸을 던지도록 훈련된
내 몸이 보낸 자객들
식후 30분, 하루 2~3회 좁은 식도를 타고 하강한다
충성심이 강한 놈은
주인을 위해 제 뼈를 곱게 갈아 바치기도 한다

얼마나 잠복하면 적을 만날지
어느 지점에서 칼을 쓸지
그들은 알고 있다

병마와 맞서 살아 돌아온 적은 없지만
승전, 또는 패전
그들의 전적은 수시로 보고되었다
〈

무릎이 치열한 격전지다

약병에 담긴 최신 신병들
출격 신호를 기다리는 중이다

사슴벌레의 우울증

당신은 사슴입니까
아니면 벌레입니까
두 개의 이름을 합성해 사용하면 불법입니다

동물의 나라
아니, 곤충의 나라에서는 말이지요

두 개의 턱을 뿔로 사칭한 당신의 교묘한 수법에
인간도 사슴도
모두 깜박 속았습니다

타인의 이름을 허락 없이 도용해
신분상승을 한 죄도 추가합니다

강박증도 정상참작이 되느냐고요
썩은 나무를 파먹던 과거를 지우고 싶다고요
관(冠)처럼 도도한 뿔을 보면 주눅이 든다고요

하긴,
인간의 세계에서도 그럴듯한 변명이 형량을 줄여주긴

하지요

　물론,
　먼저 사슴과 합의를 한다면 가능합니다

해바라기의 오해

가을이 해체되었다 이 죽음은 합법적이다
내장이 드러난 콩밭과 목이 잘린 수수밭은 아무 말도 못 했다
그 곁에 끝없이 펼쳐진 해바라기밭

꽃이어서, 해바라기는 다행이었다

이 작은 오해가 해바라기를 무럭무럭 키웠다 폭염을 삼킨 머리는
칼을 쓴 듯 무거워도,
함께 사진을 찍으며
사람보다 더 해맑게 웃었다 사방을 물들인 노랑노랑노랑

노랑은 유쾌하고 명랑해

까맣게 영근 늦가을 볕이 누런 해바라기밭을 들락거리고
기름을 줄줄 흘리는 해바라기들

고개 너머 주인이
목을 칠 날짜를 받아놓고 숫돌에 낫을 가는 동안에도

발목에 차꼬를 매달고 익어가는
죄목도 모르는 수인囚人들

찬바람이 불면 참수당할 제 머리를 단단히 붙잡고 서
있다

선글라스 효과

두 개의 눈은 선팅되고
오자 탈자가 많은 과거는 그럴듯하게 교정되었다

탈선을 꿈꾸며 바퀴는 전동차 레일에 묶여 늙어가고
이 평온한 음모는 분노로 바뀔 수 있다
몇 푼, 또는 공짜로
앉아서 질주하는 가지런한 질서들
불온한 상상은 미동도 없이 맞은편 일곱 명의 목을 조일 수 있다

무표정으로 가장한
수시로 치미는 불끈,

불법은 나를 겨냥하고
어미는 어둠의 씨를 조립했다 얼굴 없는 아비는
뒤로 넘어져 코가 깨지도록 나를 설계했다

얼굴에서 눈만 떼어내면
타인의 이름으로 불행을 위조할 수 있고
완벽한 알리바이도 가능하다

〈
눈은 그대로 두고 입으로 웃는다

선글라스 뒤에 숨어
인간을 포기할 수도 있다

매트의 공식

욕실 앞 직사각형 매트
할머니는 깔개, 엄마는 발닦개, 언니는 매트라고 부른다

두 가지 기능으로 활짝 몸을 펼친 깔개와 닦개
매트라 부르면 별로 할 일이 없어 보인다
리모컨을 쥐고 소파에서 뒤룩뒤룩 늙어가는 언니처럼

깔개는 늘 바닥을 편들고, 닦개는 사람 편만 든다
저 인간,
사람으로부터 퇴화 중인 언니의 이름이다

우리 집 소파 위로 반송된 인간은
꼬리표를 달고 와 재활용도 쉽지 않다
조건만 보고 등 떠민 할머니가 전용 리모컨이다
까딱거리는 손가락 하나에 홈쇼핑도 달려온다

엄마의 잔소리에 짓밟혀도
카드를 훔쳐 무료함을 외상으로 긁어대는 마흔 살은

그때 TV 속으로 스며들어 젖은 눈을 화면에 닦고 있었다

이것은 나만 아는 사실,

군데군데 외로움이 찍힌, 돌아온 싱글은 모서리가 많다

건조증

베란다 건조대에 걸린 햇살이 마르고 있다
오후도 수척하게 기울고
하루치 시간의 맥박도 은행나무 촉촉한 입술도
조금씩 증발하는 중이다

누군가 저 많은 습기를 다 빨아먹고,

베란다 구석 포대 소금은 바다를 말린 사람의 짓이다
몸서리치며 한 알 한 알 피를 말린
짜디짠 잠
죽음과 삶의 틈에 낀 바다의 뼈가 백골이다

곶감을 말리고 명태를 말리고 호박고지를 만들던 손이
그렇게 흰 뼈를 거두었다
싱싱한 장미를 전자레인지에 넣고 돌리는 손도
백 년을 견딘 소금의 시간을 흥얼거리며 해체할 수 있다

식탁 위 모과는
사람의 손을 뿌리치고 스스로 몸을 말린다
이곳이 마지막이라는 듯 편안하게

유언을 질질 흘리는 바구니와 좋은 궁합이다

나는 부패에 부정적이고
그들은 물기에 긍정적이다

썩기 싫었다는 것인지,
썩을 수 없었다는 것인지,
뼈만 남은 소금에게 묻지는 않았지만

즐거운 찰흙놀이

　내 몸 어딘가에 흙의 유전자가 남아 있다 밀가루반죽 떡반죽을 보면 자꾸 치대고 싶은 버릇은 내 손가락에 빗살무늬토기를 빚던 선조의 피가 흐르기 때문, 거슬러 거슬러 오르면 찰흙놀이를 좋아하던 그분이 계셨고,

　땅에 비가 없고 초목도 없고 빈들에 안개만 자욱할 때, 심심한 그분이 풀과 채소와 열매와 독수리 까마귀 코끼리 사자도 빚으시고, 고운 흙으로 남자도 빚으시고 알고 보니 말씀으로 지으신 들짐승과 공중의 새들도 흙이었고, 즐거운 공작시간 내가 만든 자전거와 모자와 꽃게의 재료도 흙이었고,

　갈빗대로 만든 가냘픈 여자만 물렁하지 않고, 세상의 모든 어머니는 여자이고,

　목욕탕에 가보면 기골이 장대한 남자는 금세 뛰쳐나온다 뼈 중의 뼈요 살 중의 살인 여자는 사골을 우려내듯 뜨거운 탕에서 오래 견딘다

　늙은 어머니, 자꾸 바닥에 누우신다. 땅과 가까워질수

록 몸이 편하시다 거슬러 거슬러 가면 찰흙놀이를 좋아하던 어떤 분이 계셨고…

밥 걱정

묵직한 가방을 들고 집을 나서면
우리 집 건너 건너 반지하 방 외눈박이 할머니
주워온 폐지를 접으며
웅, 이제 일 나가는구먼
잘 댕겨와유

골목 어귀 어물전 맞은편
전봇대에 기대앉은 좌판 노인도 도라지를 까다 말고 아는 체를 한다
뭐 하러 댕기시오
공장에 일 나가는 거요?

단골 신발가게 아줌마도 지나가는 나에게 말을 붙인다
밥벌이는 좀 되나요?

24시 순댓국집에 밤일 나가는 아래층 다솜이 엄마도
내가 시인이란 걸 얼마 전에 알았다

시는 써서 뭐한데요
요즘 누가 그런 걸 읽어요?

〈
다들 살기 어렵다고 내 밥을 걱정해 주는
착한 이웃들이다

올해의 나이

설렘을 포장하면
들러리로 나서는 생일양초들
케이크의 부록이다

오늘은 생일이 주인공, 기꺼이 몸을 바쳐야 한다

하얀 생크림에 발목이 묻히는 색색의 미니 양초

성냥 한 개비 먼저
단호하게 빗금을 긋는다

입안 가득 달콤한 축하를 머금고
어둠 사이사이 반짝이는 눈빛들

쏟아지는 축하노래 10초
환호와 박수 2초

둘러앉은 누군가 촛불을 끄고
일생 딱 한 번 누리는 절정은
12초에 끝났다

〈
스쳐 간 입김에
싸늘히 식어

휴지에 싸여 버려지는 올해의 나이

나팔꽃 조등

제 죽음에게 조문을 왔다
잘려버린 줄기를 붙잡고 안간힘으로

홀로 치른 장례식, 피를 짜낸 마지막
꽃 한 송이, 조등이었다

그날 아침 깨진 나팔 소리가 골목으로 흩어졌다

밑동이 뚝 잘렸다
누구의 짓일까 어안이 벙벙한 나팔꽃, 나팔을 입에 문 채 시들어가고

허공에 주렁주렁 매달린 고장 난 나팔들,

이튿날
죽은 몸이 활짝 피운 흰 나팔 한 송이

만장처럼 서 있는 전봇대에 조등을 켰다
제 죽음에게 조문하는 방식으로

뻐꾹채는 피고

뒷산에서
바람을 타고 마을로 내려오던 그 소리
어느 나뭇가지에 홀로 앉아있었을까

둥지 하나 짓지 못한 어미 가슴에
발갛게 번진

봄볕에 열흘을 말려도
마르지 않는 울음이 어렴풋이
탱자울타리를 넘어오면

고모는 방아를 찧다 말고
치맛자락으로 쏟아지는 가슴을 받아내고
그때 어린 내게 뻐꾸기울음이 옮겨붙었다

뻐, 꾹, 뻐, 꾹,

오래전 뻐꾸기가 되어 날아간
볕에 다 바랜 고모와
뻐꾹채 피던 그 늦봄을

나는 주머니에 가만히 담아두었다

파닥파닥

닭날개 튀김이 파채에 수북이 덮였다
접시에 담긴 수많은 부사副詞들
파닥파닥, 파다닥, 파닥…… 파닭

파닥파닥을 버린 날개들이 이제 바삭바삭 소리를 낸다
겨드랑이 힘이 굳기도 전에 하늘을 포기한 날개들은
파채에 묻혀 파닭이다

맑은 계곡을 끼고 흐르는 복날
파닥파닥에서 깃털 몇 개가 빠져나왔다

 살에 박힌 것들이 몸을 뛰쳐나오며, 파닥파닥 소리를 질렀다

 이리저리 쫓길 때
 내 팔뚝에 닭살 같은 소름이 돋고,

 암탉은 아슬아슬 목숨 대신 꽁무니 깃털이라도 내놓는 것인데
 닭집 주인은 깃털을 버리고 두 날개를 움켜쥐었다

〈
공중을 붙잡은 깃털이 공중을 놓치고
닭장의 먼지와 함께 날아오른 소란은 바닥으로 내려앉았다

주워든 깃털이 따스했다

내게도 한때 소란이 일고
깃털 하나 남지 않은
빈자리에 갇혀, 빙빙 돌던 비명도 파닥파닥이었다

4부

비누꽃

엉뚱한 생각이 한 바구니 꽂혀있다

본색을 감춘 겹겹의 장미들
다탁을 장식한 누군가의 뒤집힌 생각이 화사하다

젖은 손바닥에서 부풀던 흰 꽃들
붉은 장미 한 송이를 뽑아 문지르면
수북이 거품을 토해낼까

한순간 얼룩과 함께 사라져버릴, 이후를 모르는 꽃들은
박제된 시간을 빨갛게 물들인다

귀퉁이가 닳고
종이처럼 얇게 사라져가는 세상의 비누들을 바라보며,

몸에 고인 70프로의 물, 비누 일곱 개를 만들 지방이 있어도
마음의 때를 씻지 못한 나는

꽃도

비누도 아니어서
문질러도 거품이 피지 않았다

완창

산굽이를 돌아온 계곡물
갈래갈래 물길이 만나 철철철 음역을 높인다
서로서로 등을 떠밀며 웅덩이에 주저앉은 물의 엉덩이를 끌고 내려간다

저 아래 절창이 있다
물의 비명이 자욱한 해안폭포가 있다

번지점프를 앞두고 밀어붙이는 투명한 채찍들, 등짝을 후리는 소리에 물의 걸음이 빨라졌다

개울에서 꼼질거리던 물의 애벌레들
하얗게 질려 폭포 끝에서 넘어지고 처박히더니,

일제히 우화를 하고 주저 없이 바다로 뛰어든다

굽이굽이 긴 노래
완창이다

피를 토하며 득음을 한 명창도 있었다

우맹 牛盲

산골로 찾아간 리포터
밭 잘 갈아요?
아뇨, 어릴 때 가르치지 않아 못 갈아요
덩치 큰 황소는 눈만 멀뚱거린다

안타까운 황소 주인
코뚜레 끼고 일찍이 밭에 나가
쟁기로 밑줄 긋는 언습부터 해야 하는데
당최 까막눈이라고

겨울 빈 밭에 나가 삐뚤빼뚤
매 맞던 옆집 송아지는
논 몇 마지기쯤 거뜬히 외우는데

이놈은 배운 게 없어
밭 한 고랑도 읽지 못한다고

누런 등짝을
탁!
내려치는 것이다

젖다

토란잎 한 장 뒤집어쓰고 달리는데, 빗소리에 먼저 젖는데 왜 토란의 머리는 안 젖지?

도르르 말린 풋손가락, 하나둘 펼쳐 드는 그늘 넓은 여름이네. 손에 풀물 든 그 노인 밭고랑에 쪼그려 알토란을 묻을 때, 빗소리도 함께 심었네. 질척질척 비 냄새를 먹고 자란 널따란 우산잎들, 풀을 뽑던 노인이 그 우산대를 꺾어 들고 방죽을 오르는데,

아, 아, 입을 벌리는 목 타는 연못, 목젖 사이 하얀 뿌리 보이네. 평생 흙 파먹던 토런土蓮들, 건너편 방죽으로 슬금슬금 발을 뻗어 흙 묻은 맨발을 씻곤 했네.

방죽마을로 시집간 사촌 언니 백련, 구슬이 서 말이라도 꿰어야 내 것, 종일 물구슬을 꿰고 있네. 치마에 담긴 물구슬 또르르 연못으로 쏟아지네. 쉽게 깨지는 물구슬.

입질, 천방지축 오리의 입질,

백련이 또 치맛자락을 움켜쥐네. 방수복 한 벌 챙겨 입

은 오리. 연못의 속주머니를 들추고 다니네. 비 오는데, 내처 오는데 기름칠한 옷을 입고 토란도 백련도 오리도,

 기다리던 목소리에 나는 흠뻑 젖는데, 전화 한 통에 천 길 물밑으로 갈앉는데,

 짖어도 좋을 깃들, 도무지 짖지 않네. 도련도 백련도 오리도…

도마의 구성

나무도마에게 딸린 식구는
혼자 사는 여자와 칼 하나
닭집 여자는 칼에게 공손하고 칼은 도마를 얕본다
서열은 칼, 여자, 도마
도마는 늙었고 칼은 한참 어리다
칼받이 노릇에 잔뼈가 물러버린 도마는
칼 하나와 애면글면
둘 사이에 죽은 닭이 끼어들면 한바탕 치고받는다
내리치는 서슬에 나이테가 끊어지고
이어 찬물 한 바가지 쏟아진다
닭이 사라져도 도마를 물고 있는 칼
칼은 언제나 도마 위에서 놀고
도마는 칼집투성이다
이 조합은 맞지 않아요
도마가 애원해도 여자는 늘 도마를 무시하고
칼은 여전히 버릇이 없다
어디서 굴러온 막돼먹은 칼을 여자는 애지중지 받든다

화초양배추

칙칙한 계절
청량리역 광장이 서둘러 색色을 심는다
수상한 분위기는 쉬쉬 입을 다물고 낌새를 모르는
꽃들은 아직 피가 뜨겁다
줄 맞추고 깔 맞추고 시시덕거리며
길목에 맨몸으로 주저앉는다

저것은 계산된 죽음
도시는 그들을 앞세워 삭막한 거리를 치장 중이다
누군가 슬금슬금 뒷걸음친 자리에
겁 없이 뿌리를 묻는
일회용 추위받이들

전쟁에 무참히 내몰린 총알받이도
악, 억!
그렇게 눈을 뜨고 무너졌다

한결같이
일그러지고 꼬부라지고 어안이 벙벙한 마지막 표정들
한파에 동사한 꽃들도
모두 눈을 뜨고 있었다

밀서의 계절

철새들이 밀서를 물고 날아온다

문맹인 새들은 궁금증을 나무에게 부탁하고 나무는 구름부호를 해독한다
11월이 12월에게 보낸 밀서에는 바람과 눈이 반반¥¥이었다

첫 문장은 늘 뼈가 시리다

하늘과 지상으로 밀서가 오가는 동안 벽은 달력을 한 장 찢어 던지고
피가 마른 들판은 바람의 행로를 받아 읽었다

꼬깃꼬깃 접힌 밀서는 끝내 그 언덕 나무 밑에 묻었다
그에게 들키지 않아 불행하다고 비망록에 나를 적었다
어디에도 다행인 밀서는 없었다

끝 문장은 늘 물음표인 밀서들로,

계절은 그치지 않는다 마침표가 없는 밀서를 물고 철

새가 돌아갈 때
　비밀을 알아낸 나무들은 백지로 돌아간다

커피잔과 머그컵

커피를 쏟았다
손을 놓친 실수는 얼룩이었다 얼룩을 방치한
오물의 이전은 쓸모였다 쓸모가 낡아 쓰레기가 되듯,
쓰레기 이전은 모두 소용所用이었다

미끈한 모양새로 완성된 이름
비어있어도 여전히 커피잔이다
깍듯한 받침접시 부록으로 딸려오는
마주 보는 형식, 세트는 훈훈하다

투박한 그녀, 누가 받침이 되어줄까

날렵한 커피잔을 만나
뒤늦게 쏟아진 연애가 적금을 깼다
실수는 실금과 같은 말,
파산한 연애를 방치하면 우울이 되듯, 상처가 낡아 칩거가 되듯
쓰러진 잔은 안부부터 챙겨야 한다

손잡이를 놓친 모태솔로 점점 가벼워진다

받침이 없어도
이전엔 묵직한 머그컵이었다

겹

야트막이 흐르는 물이 주춤거린다
가운데 박힌 돌 하나에 물의 발목이 엉켜 물주름이 여러 겹이다

중랑천을 건너는 새 떼의 발톱에 걸려 또 허공이 접힌다 수다스런 날갯짓에 오후가 서쪽으로 끌려간다

즐비한 벚나무는 봄의 주름을 털어버리고 홀가분한데,

길가 장미 떼는 겹겹으로 가슴이 부풀고 가시는 이파리 뒤에서 붉은 꽃송이를 들어 올린다 건드리면 피를 보고 마는 숨은 결이다

손잡고 걷던 아내를 떠나보내고 혼자 천변을 걷던 노인은 오늘도 보이지 않는다 벚나무 사이 노을을 바라보던 벤치는 텅 비었다

돌고 돌아도 닿지 않는 아득함은 몇 겹일까

겹, 겹, 겹

물에 빠진 끝물 햇살을 업고 바람이 물 위를 걷는다 살랑이는 뒤꿈치에서 반짝이는 잔주름이 번지고 있다

뻐꾸기가 흘린 울음의 겹을 다 세지 못했는데 여름의 허리가 기울었다

취급주의

구두와 핸드백이 일그러졌다
무관심으로 배를 채우고
한 해를 내처 주린 뱃구레가 푹 꺼졌다
종이뭉치나 한 입 물려놓았더라면,

어둠 속에서 홀로 울었던 흔적
가죽이라 방심했더니 황소고집이다
손을 놓친 가방과 발을 놓친 구두의 고집을 감수한다

어두운 장롱과 눅눅한 신발장의 시간, 한동안 외출이 말랐다
나는 무엇에 빠져 있었을까
돌멩이를 걷어찬 구두코, 함부로 쑤셔 넣은 잡념에 늘어진 가방
쉽게 변형이 되는 것들은 마음이 무른 것들이다

딱 한 번, 진심으로 나를 사랑한 적이 있다
그가 등을 돌렸을 때 나는 밤새 나를 위로했다
그때 금이 간 나를 주의 깊게 살피지 않았다면
캄캄한 곳으로 멀리 날아가 버렸을 것이다

개살구나무

그해 가을, 젖꼭지가 불거진 개 한 마리 죽었다 새끼를 배에 넣은 떠돌이 개는 언덕배기 개살구나무 그늘에 묻혔다 늙은 개살구나무 허기진 개눈깔을 눈깔사탕처럼 빨아먹고 사타구니에 낀 꼬랑지까지 다 녹여 먹었다

언덕길을 지날 때 돌멩이에 달아나던 그 울음, 언제 바람을 물어뜯었나 실이 오른 봄바람의 목덜미에 이빨자국 몇 개 박아놓았나

밑동에서 지린내가 날아오르고 비루먹은 개살구 발그레 화색이 돌았다 회춘한 가지마다 꽃눈이 터지고 죽은 새끼들 개밥그릇 핥듯 연분홍 혓바닥 스친 자리 고물고물 개살구 돋더니,

봄이 마을로 내려오고 해수를 앓는 노인이 자루를 챙겨 비탈을 올라갔다 노인이 담배 한 대 태울 동안

개살구나무, 다 털렸다

책 무덤

주소를 달고 누런 봉투에 그대로 갇힌 책
닫힌 책은 입이 사라지고
한 묶음의 침묵이 된다

냄비받침이나
기우뚱한 의자 다리에 깔려 죽어가거나
낱장으로 뜯겨 딱지가 되거나
끝내 고물상의 폐지가 되거나

한 번도 세상을 만나지 못한 시
그대로 잊히는 소설
종이의 뼈가 누렇게 휘어진
고서古書가 되도록 살아남을 수는 없을까

작가의 쓰라린 눈물이
밤새 펄펄 끓던 시인의 심장이 식어가는데,

갇힌 저 글자들은
언제 무덤을 열고 나오나
〈

미친 듯이 책은 쏟아지고 쏟아진다
오늘도 무덤을 향해

위험한 부력浮力

횟집 간판에 철썩, 파도가 친다
속초 앞바다가 꼬리를 털며 뛰어오른다

싱싱한 간판 아래
동해횟집 수족관이 기울고 있다
수면에 떠다니는 우럭 한 마리
줄곧 물방울을 뿜어내는 산소기는 숨이 가쁘다

물에 누워도
바닥에 닿지 않는 가벼움,
쓸모없는 부력과 부레가
달싹거리는 아가미를 붙잡고 있다

수족관 밑바닥에 엎드린 넙치들은
복지부동이다
바닥의 법칙을 온전히 이해한 것들은
떠오르는 몸을 누르고 누르며 살아간다

한때 왁자했던 먹자골목
가라앉은 경기景氣는 언제 뜨나

폐업을 알리는 안내문에 불황의 바람이 펄럭인다
부력을 잃은 썰렁한 의자들이 빈자리를 지킨다

언제 이곳에 왔는지
주둥이 헐은 우럭이 밤새 흘린 눈물로
수족관은 흐릿해지고,

숨이 찬 부력은 슬슬 물고기를 버리고 있다

새장

  골목에 버려진 새장
  철망에는 보드라운 가슴털이 붙어있고 바닥엔 새똥이
말라붙었다

  울음을 키우던 집
  해가 뜨는 쪽으로 어린 새의 목청이 파랗게 싹이 트고
  해가 지는 쪽으로 울음이 접혔다

  주인이 외출한 베란다 매달린 둥근 조롱이 지그재그로
흔들렸다
  소리 없이 스며든 발소리에
  깃털 몇 개와 발톱에 할퀸 울음이 아래층으로 떨어질 때
  알 수 없는 불안이 창문을 쪼아댔다

  그네처럼 출렁이며
  내부를 환히 보여주던 저 새장은
  밖을 향해 파닥거린 몸부림을 이해했을까

  모이를 줄 때
  아침의 옆구리를 밀치며 **빠져나간** 새

주인은 정든 새를 믿었지만 새는 주인을 믿지 못했다

어서 와
고소한 들깨와 해바라기 씨를 줄게
문을 열어두고 다정하게 불러도 가출은 돌아오지 않았다

죽든 살든
물 한 모금 없는 하늘을 선택한 건 새의 뜻

전깃줄에 앉았던 앵무새가 사라진 후
새장은 쓰레기로 분류되고 기다림은 폐기되었다

길고양이가 익숙한 냄새를 킁킁거린다

닭발

발은 발끼리 모였다

봄볕에 홀려
어린 상춧잎 물고 밭두렁으로 내달려야 하는데
텃밭 파헤친 신이 난 발톱들
화가 난 작대기에
꼬꼬댁꼬꼬댁 호들갑 떨며 종종걸음쳐야 하는데,

가뿐하게 몸통을 들어 올린
힘찬 발목들
이토록 고요하다니,

왼발 오른발이 뒤섞인
접시에 수북한 마지막 토막들
먹자골목 닭발집 취객의 입담을 발로 듣는다

달구새끼도 발모가지도 모르는 부화장 출신들
닭장에 갇혀 살다 얼결에 잡혀 와

목을 버리고 몸통을 버리니

이제야 사람들이 이름을 불러준다
닭발!

주문 한마디에 다리 없는 발만 달려온다

악어의 입속으로 들어가는 밤

실패한 시를 묶는다
입을 쩍 벌리는 집게클립

초원을 향해 강을 건너던 어설픈 나의 누 떼가
몇 해째 악어의 이빨에 물려있다

건기에 이마가 깨진 문장들, 쓰다 버린 언어의 자투리들
클립은 습작의 뒷다리를 덥석 물고
삼키지도 뱉지도 못하고

그런데,
악어의 이빨자국이 선명한 그것들이 가슴을 쿵쿵 뛰게 한다

시와 연애한 지 17년, 시와 나의 관계는 무사한가

버둥거리는 물살에, 누 뒷다리 하나 던져두고
세상에 나가
일찍 죽어버린 시를 생각하는 밤
〈

나는 악어의 입을 벌려 확인한다
저편으로 가지 못한 누 떼와
악어가 득실거리는 강가에서
밤새 떨고 있던 그 어린 詩의 마음을

■ 해 설

고백하는 타자들과 너머의 언어

신상조(문학평론가)

　어느 시인의 말을 인용하자면 시집을 내는 건 "지상의 집 한 채를 빌리는 일"이다. 시인 누구라도 자신의 문학이 불멸의 고전이 되기를 꿈꾸지만, '오래' 사랑받을 수는 있어도 '영원히' 사랑받는 그런 시집은 없다는 걸 우리는 안다. "한 번도 세상을 만나지 못한 시"(「책 무덤」)와, "세상에 나가/ 일찍 죽어버린 시를 생각하는 밤"(「악어의 입속으로 들어가는 밤」). 그럼에도 불구하고 시를 쓰는 시인 역시 지상의 집 한 채를 빌리는 심정으로 시집을 내는지도 모르겠다. 이번 시집 『악어의 입속으로 들어가는 밤』이 다섯 번째 시집인 마경덕 시인은, 그러니 총 다섯 채의 집을 빌린 것이다.
　하지만 이건 속된 욕망을 지양하려는 착하고 겸손한 시인들의 말일 뿐. 시집 한 권을 헐한 값에 사서, 혹은 그저 값없이 시집을 받아 읽는 우리야말로 시인들이 땀 흘려 지은

집('시의 집')에 공짜로나 수월하게 세 든 사람들이다. "날기 멍석을 져간다는 닭 보는 할미를 차 굴린다는 땅 아래 고래 같은 기와집"('백석')과, "門을암만잡아다녀도안열리는" 生活이 모자라서 그렇다는 이상한 집('이상')을 우리가 언제든 마음껏 누릴 수 있다는 건 참으로 놀랍고도 고마운 일이다.

앞서 언급한 대로 지금까지 마경덕 시인이 지은 '시의 집'은 총 다섯 채이다. 사물이라는 창을 통해 "삶과 우주를 관통하는 어떤 비의"를 발견하게 만드는 집(『사물의 입』), 기원전 3000년경부터 역사가 시작된 바빌로니아의 "유폐 현장"을 정원으로 가진 집(『그녀의 외로움은 B형-新 글러브 중독자』) 등, 각각의 건축물마다 개성이 뚜렷하다. 과작寡作이 아님에도 작품의 질이 두루 고르게 뛰어난 점도 짚어둘 대목이다. 다음은 '선경상상인문학상' 수상작들 중 하나다. 시인이 다섯 채의 집을 지을 동안의 과정에서 축적된 문장들이 가장 함축적으로 드러나는 시라고 여겨져 골라본다.

근육을 소비하고 순식간에 사라지는 소낙비, 근육이 빠진 어느 정치인의 공약처럼 바닥에 뒹군다

몸집을 키운 사내들이 괴물처럼 변해버린 육체를 전시 중이다 전봇대를 붙잡고 버티는 헬스클럽 광고지, 비에 젖은 종이의 근육도 만만치 않다

〈

　선거 벽보를 장식하던 노인의 이름에도 근육이 있었다 소나기처럼 찾아온 권력은 자주 뉴스에도 등장했다 쉽게 무너지지 않는 하늘이 있었다

　화폐의 근육으로 터질 것 같은 금고들, 인맥이 촘촘한 저 노인도 화폐 속에 숨은 질긴 실처럼 자신의 전부를 은폐했다

　바다의 근육으로 쏠깃한 노룸회가 나오기 진 쓰끼다시로 등장한 흐물흐물한 연두부, 이 빠진 노인 같다 입속에 살던 서슬 푸른 호령은 퇴화하고 혀의 걸음도 어눌한

　기억은 누수되고 한도 초과인 노인의 카드에는 근육이 없다

　"가만히 있어도 해마다 근육은 감소됩니다" 의사는 그것도 병이라고 했다

　하루치 근육을 다 써버린 태양이 서쪽 능선으로 내려앉는다

— 「근육들」 전문

예술의 실효성 차원에서 볼 때 시어는 사회성을 가진다. 이때 시는 개인의 정서와 사상 중에서 사상을 보다 적실하게 반영한다. 전언의 층위에서 시의 목소리는 정치적 올바름이나 윤리적 올바름에 대한 요청을 실천하는 것이다. 하지만 「근육들」처럼 시는 그 요청들을 직접적으로 발화하지 않는다. 시의 사회성은 형식과 내용이 분리 불가능하도록 녹아들고 뒤섞인다. 시적 의미는 이미지의 자장 안에서 내재적으로 발생할 따름이다. 그럼으로써 시는 독자인 수용자가 '근육'이라는 사물을 매개로 당대의 공통 감각을 불편하게 여기는 상태로 육박하게 함으로써 그 실효성을 드높인다. 『악어의 입속으로 들어가는 밤』은 내면성과 사회성, 그 둘 다에 있어서 정서적 감응으로 인해 전율하게 만드는 특징을 가지고 있다. 예컨대 앞서의 「근육들」이 사회적 구성원들의 정동적 동요를 요청한다면, 다음의 시는 작가 자신의 내면적 동요를 중심으로 한다. 시집의 문패에 해당하는 시를 읽어 보자.

    실패한 시를 묶는다
    입을 쩍 벌리는 집게클립

    초원을 향해 강을 건너던 어설픈 나의 누 떼가
    몇 해째 악어의 이빨에 물려있다

〈

건기에 이마가 깨진 문장들, 쓰다 버린 언어의 자투리들

클립은 습작의 뒷다리를 덥석 물고

삼키지도 뱉지도 못하고

그런데,

악어의 이빨자국이 선명한 그것들이 가슴을 쿵쿵 뛰게 한다

시와 연애한 시 17년, 시와 니의 관계는 무사한가

버둥거리는 물살에, 누 뒷다리 하나 던져두고

세상에 나가

일찍 죽어버린 시를 생각하는 밤

나는 악어의 입을 벌려 확인한다

저편으로 가지 못한 누 떼와

악어가 득실거리는 강가에서

밤새 떨고 있던 그 어린 詩의 마음을

                 – 「악어의 입속으로 들어가는 밤」 전문

무언가를 통째로 삼키는 입이나 식도食道, 물고 물리는 '힘'

의 관계인 '클립'과 같은 사물 이미지는 마경덕의 시에서 반복적으로 출현한다. 위의 시가 가진 이미지 또한 "강을 건너는 누의 클립은 악어의 아가리/ 종유석과 석순도 석화동굴이 클립이다"(「클립」, 『그녀의 외로움은 B형—新 글러브 중독자』)라는 이전 작품에서 이미 발견된다. 사물에 대한 관찰이 삶의 맥락과 겹쳐지는 마경덕의 시에서 이 같은 사물 이미지의 반복은 주목을 요하는 부분이다. 이번 시에 등장하는 '클립'은 시작詩作의 균열과 그 생채기 나는 과정을 감내하는 마음의 '떨림'이 포착한 사물이다.

「악어의 입속으로 들어가는 밤」은 '실패한 시'가 써진 낱장의 종이들을 클립으로 묶는 이야기로 시작한다. 클립이 "입을 쩍 벌"린다는 표현에서 시가 되지 못하거나 유보 중인 습작품들이 상당함을 엿볼 수 있다. 그러던 시는 "초원을 향해 강을 건너던 어설픈 나의 누 떼가/ 몇 해째 악어의 이빨에 물려있다"라는 2연에서 비약적인 상상력을 발휘한다. '실패한 시'는 이제 '누'가 되고, '클립'은 "건기에 이마가 깨진 문장들, 쓰다 버린 언어의 자투리들", 그 실패한 언어들의 "뒷다리를 덥석 물고/ 삼키지도 뱉지도 못하는" 악어의 입으로 과감하게 전이된다. 그리고 그 악어의 입을 들여다보면 "악어가 득실거리는 강가에서/ 밤새 떨고 있던 그 어린 詩의 마음"이 보인다고 시인은 고백한다.

악어의 입에 비유되는 '클립'은 긍정과 부정이라는 양가적 의미를 지닌 미묘한 시적 소재이다. 다시 말해 화자가 악어의 입속으로 들어간다는 설정이 '클럽'의 의미를 확정하지 않은 채 하나의 의미가 다른 하나를 배제할 수 없게 만드는 데 이 시의 묘미가 있다. '클럽'은 시의 실패를 드러내는 절망의 비극적 사물일 수도, 치열한 작가 정신의 시작詩作 현장을 보여주는 암시적 사물일 수도 있다. 때문에 '악어의 입속=시의 죽음'이 되지 않고 작가적 절망을 딛고 일어서려는 의지를 환기함으로써 오히려 마경덕 시의 아름다운 전망을 제공한다. 실패한 시들을 단단히 물고 있는 '클럽'은 "비문非文의 날들"을 지나 "뼈가 시린 시 한 편을 써보고 싶"(「미문非文의 날들」)다는 치열한 작가 정신에 맞닿아 있는 것이다. 그리고 이러한 작가 정신은 다음과 같은 "착한 이웃들"에 빚지고 있다.

    묵직한 가방을 들고 집을 나서면
    우리 집 건너 건너 반지하 방 와눈박이 할머니
    주워온 폐지를 접으며
    응, 이제 일 나가는구먼
    잘 댕겨와유

    골목 어귀 어물전 맞은편
    전봇대에 기대앉은 좌판 노인도 도라지를 까다 말고 아
  는 체를 한다

뭐 하러 댕기시오
공장에 일 나가는 거요?

단골 신발가게 아줌마도 지나가는 나에게 말을 붙인다
밥벌이는 좀 되나요?

24시 순댓국집에 밤일 나가는 아래층 다솜이 엄마도
내가 시인이란 걸 얼마 전에 알았다

시는 써서 뭐한데요
요즘 누가 그런 걸 읽어요?

다들 살기 어렵다고 내 밥을 걱정해 주는
착한 이웃들이다

- 「밥 걱정」 전문

이번 시집에서 '시인의 말'을 대신하기도 한 이 시를 읽노라니 이동하는 기러기 떼의 울음소리가 떠올랐다. 철새인 기러기 떼가 따뜻한 남쪽으로 이동할 때, 그들이 날아가며 우는 울음소리는 실제로 우는 소리가 아니다. 앞에서 거센 바람을 가르며 힘들게 날아가는 리더에게 보내는 응원의 소리다. 그들만의 독특한 비행술과 서로 격려하며 힘을 주는 울음소리가 없다면 기러기는 따뜻한 땅과 먹이를 찾아 4만km나 되는 먼 길을 날아갈 수 없다고 톰 워샵은 '기러기'에서 말한다. 시인은 착한 이웃들의 무심하고도 평범한, 늘 생계를 걱정하는 버릇에서 비롯한 인사들을 '착한' 기러기의 울음소리로 듣는다. 대책 없이 물러 터진 마음을 가져서도, 소통의 부재를 반어로 승화하기 위해서도 아니다. 시인 스스로가 가난하고 소박한 이웃들의 고된 비행을 격려하며 시를 쓰는 강하고 착한 '기러기'이기 때문이다.

호메로스의 『오디세이아』에서 오디세우스의 책략은 계몽의 변증법에 대한 알레고리이자 예술의 단생을 이야기하는 것일 수 있다. 그러나 올리버 지몬스에 의하면 이 예술의 탄생은 선원들의 부자유를 대가로 치르며 탄생한다. 밀랍으로 귀를 막은 선원들은 노를 젓는 노동을 강요당하며 노래로부터 배제된다. 피에르 부르디외가 계급 위치를 특징짓는 것으로 '자본'을 들었듯이, 경제적 자본으로부터의 배제는 문화적 자본과 사회적 자본의 배제로 이어지고 사회적 지위를 결정짓는다. 마찬가지 맥락에서, 이웃이 "시는 써서 뭐한데요"라고 질문하는 게 "책 한 권 없는 부자"(「측백나무 서재」)와 가치관이 동일해서가 아님을 시인은 누구보다 잘 알고 있다. 폐지를 주워 파는 반지하 방 외눈박이 할머니'와 하루 종일 도라지 껍질을 까서 파는 좌판 노인, 단골 신발 가게 아줌마와 24시 순댓국집에 밤일 나가는 아래층 다솜이 엄마, 이

모두는 질기고 오랜 노동의 피로를 짊어지고도 자본의 세례를 받지 못한 늙고 연약한 무산자들에 속한다. 거시적 차원에서의 사회적 불평등을 겪는 이들, 정신보다 물질을 우선하는 세계를 살아내는 가난한 주체들에게 이웃의 '밥'을 챙기는 일은 가장 선한 관심인 것이다. 해서 그는 "살기 어렵다고 내 밥을 걱정해 주는 착한 이웃이 있어 다시 시를 쓴다"('시인의 말')라고 말한다. 이는 시가 감동을 얻기 위해 취하는 작위적 포즈가 아니다. "하굣길 논둑에 앉아/ 도시락에 남겨둔 식은밥 한 술 던져주며" 둠벙에 사는 "저것들 무얼 먹고 사나"(「아직도 둠벙」)라던 걱정은 바로 작고 연약한 대상들에 대한 시인 자신의 걱정이기도 한 것이다. 둠벙 속의 대상들을 호명하는 마경덕의 시는, "손톱 밑이 까만 그 총각"을 연민하는 다음과 같은 노래를 지어 부른다.

> 광양 언니가 택배로 보내온 통구맹이
> 뱃머리 닮은 둥글넓적한 대가리 거무죽죽한 몸통이 허름한 통통배를 닮았다
>
> 뱃사람들 밥해주고 빨래해주고 막걸리통을 져 나르던
> 학교 문턱도 못 가본 앳된 총각
> 입 하나 덜자고 어린것을 고깃배에 실어 보냈다는 어미는 병으로 죽은 지 오래,

양동이로 바닷물을 퍼 올려 갑판을 닦으며 '배호'를 부
를 때
　　장충단공원 짙은 안개가 피어올랐다
　　얼굴 모르는 그의 아비도 안개에 가려 끝내 나타나지
않았다

　　걸핏 밥을 태우고, 반찬은 짜고, 말귀마저 어두워 귀싸
대기 벌겋게 부어올랐다
　　하늘 아래 혼자라서 젖은 장홧발에 차였다
　　그래도 밥은 실컷 먹어요, 씩 웃넌 머리통이 큰 화장*

　　파도가 무서워 울고 멀미에 울고 엄마가 미워서 울었다
는 그의 이름은
　　그저 화장이었다

　　손톱 밑이 까만 그 총각, 남해에서 붙잡혀 오늘 서울까
지 왔다

　* 화장 : 배에서 밥 짓는 일을 맡은 사람.

　　　　　　　　　　　　　　　　－「통구멩이」전문

통구멩이는 모래나 개흙 속에 몸을 숨기고 있다가 먹잇감

이 다가오면 통구멍 같은 큰 입으로 낚아채는 물고기다. 시인은 "몸통이 허름한 통통배를 닮"은 물고기의 생김새로 인해 고깃배에서 화장으로 일하던 '그 총각'을 떠올린다. 총각은 TV에서나 직면할 법한 기막힌 사연의 주인공이다. 이 시는 화자가 대상의 기구한 사연을 요약해서 들려주는 방식이라서, 정서의 울림이나 언어의 함축적 표현보다는 서사가 도드라지게 외현되는 게 특징이다. 시가 들려주는 화장인 총각을 둘러싼 정황은 매우 구체적인데, 그의 개인 서사와 그를 둘러싼 사회 환경이 선명하게 떠오를수록 그에 대해 갖는 화자의 정서적 감정은 '암시와 반향'의 성격만을 지닌 채 작품 전체에 일렁일 따름이다.

시가 화자 개인의 세계로 축소되거나 매몰되지 않고 각박한 현실 속 일원인 타자의 고통과 수난을 중심으로 할 때, 여기에는 공동체의 유기적 관계에 대한 비판이 끼어들게 마련이다. 요컨대 마경덕의 시는 공동체의 윤리적 변화를 꾀하도록 암시함으로써 사회적 실천을 미적으로 실행한다. 이런 점들을 고려한다면 시인의 글쓰기는 공동체의 균열을 이끌어내기를 기도하는 사회적 글쓰기라는 한 축을 갖추고 있다. 개울의 수초를 헤집거나 돌멩이를 들춰보면 빠가사리나 가재가 숨어 있듯이, 시인의 마음속 깊은 곳엔 작고 초라한 연민의 대상들이 몸을 웅크리고 있다. 바꿔 말하면 그의 시는 세계의 균열을 환기하는 이러한 연민의 대상들로부터 촉

발되기를 자주 한다. "빨갛게 부어오른 핏빛 발톱"을 가진 게발선인장(「게발선인장」), "흙마당을 기어 온 민들레"(「카페 후미개」)와 "세상을 다 살았다는 얼굴로 눈물을 찔찔 흘리"는 "어린것"(「만가挽歌」), 버릴 수도 "삼킬 수도 없는 비린 슬픔 한 조각"과도 같은 그 "쬐깐 것"(「쬐깐 것」)들에 대한 연민으로 시는 자주 "맨밥처럼 목이"(「아득한 거리」) 멘다. 그리고 유독 연민의 대상들에게 촉수가 뻗는 마경덕 시의 감각은, 사물에 대한 '발견'의 형태로 흔히 드러난다.

    계곡을 거슬러 오르는 민물고기들

    포물선으로 공중을 걷는다

    앞으로 나가는 안간힘이 상류로 밀어 올린다

    멈추면 급류에 떠내려가

    하류에 닿는다

    이 계곡의 끝에 소금에 절인 바다가 있다

    첨벙, 뛰어올라

    찰나에 사라진 황금빛 잉어

    찢어진 물거죽은 파문으로 술렁거린다

    몸에 붙은 이물질이 가려운 물고기들

    공중으로 솟구쳐 사정없이

    호수에 제 몸을 내팽개친다

팔이 없는 물고기는 그렇게 살고 있었다

생존을 위한 치열한 패%
한가한 풍경이
물밑에 감춘 밑장 한 장 빼 들었다

- 「밑장」 전문

잠시도 귀를 굶기지 않는 나무들
일찍 새 떼를 풀어놓고 새소리로 아침을 먹는다
숲이 낳은 새들
지난밤 둥지에서 충전한 목소리가 사방으로 방전된다

새를 타고 산 너머로 날아간 나무도 있다
물똥을 싸도 잎사귀서랍에서 벌레과자를 꺼내주는 나무는
새와 같은 핏줄이다

서쪽 능선이 서둘러 붉은 이불을 편다
공중의 길을 지우는 어스름
정시에 숲이 닫히고 빈 둥지가 불안하다

새들의 무덤은 공중에 있다

- 「공중 무덤」 부분

인용한 시 두 편이 가지는 공통점은 아름답고 평화로운 풍경이 세계의 비극성과 폭력성을 강조하기 위한 전경화의 장치로 기능한다는 점이다. 라이프니츠는 모든 영혼들 중에서 뛰어난 이는 산만하게 우주를 재현하는 수준을 넘어 진리를 듣는 자라고 말한다. "한가한 풍경"을 재현하는 데 그치지 않고 풍경이 감춘 이면을 발견할 줄 아는 마경덕 시인 역시 우주가 전하는 '비밀을 듣는 귀'를 가졌을 터이다. 그런데 시인에게는 "지고한 실체의 아름다움과 위대함"이란 우주의 비밀만으로는 부족하다. 아름다운 풍경의 이면에는 지극히 현실적이라고 할 수 있는 "생존을 위한 치열한 폐부"가 한 장 더 존재함을 알고 있어서이다. 상류로 거슬러 헤엄치는 민물고기들이 소금에 절인 바다로 떠내려가지 않기 위해 쓰는 "안간힘", 팔이 없는 황금빛 잉어가 이물질을 떼어내기 위해 제 몸으로 "물거죽"을 찢는 찰나의 솟구침 등은 "한가한 풍경"이 감춘 현실계의 폭력적 비밀이다. '한가하다'는 표현이 생존의 비정함을 역설로 의미한다면, 그 비밀이 연약한 것들이 감춘 "밑장 한 장"이라는 말은 모든 것을 거는 생존의 절박함을 함의한다.

「공중 무덤」 역시 활기차게 시작하는 숲의 아침과 새의 빈 둥지가 부각되는 저녁 숲의 상반되는 모습을 통해 현실의 비극적 뒷모습을 섬뜩하게 조망한다. "새 떼를 풀어놓고 새 소리로 아침을 먹는" 나무들과, "새를 타고 산 너머로 날아간 나무"의 모습 등은 생존하고 번식하는 생태계의 아름다움을 상상케 하기에 충분하다. 하지만 충만한 생명력의 고조는 새의 죽음을 예감하는 저녁의 비가로 음울하게 마무리된다. 이처럼 마경덕 시의 서정성은 밝고 명랑한 음계인 장조의 표면과, 세계 내의 폭력과 생존의 절박함이란 단조의 이면을 대위법적으로 갖추고 있다. 그럼에도 세계의 이면에 도사린 비극적 현실을 인식하는 마경덕 시의 서정성은 체념과 무기력을 거부하고 허무와 비관에 대해 지극히 유보적임을 주목해야만 한다. 힘을 내지 않으려야 도저히 그럴 수 없는 것처럼, 그의 시는 과거의 경험을 매개로 시인 자신의 절망과 극복을 호소력 있게, 그리고 서정적이고도 진솔하게 재구성한다. 차마 추억이 되지 못한 채 상처의 강렬한 흔적으로 남은, 시인의 어릴 적 "흑백사진" 한 장을 함께 들여다보자.

    운동장에 모인 우리들
    층층이 나무의자를 쌓고 줄을 맞추고
    키 작은 나는 맨 앞줄 가운데 앉았다
    얌전히 두 손을 무릎에 얹고

    사진사가 사진을 찍으려는 찰나,
    선생님이 내 이름을 불렀다
    〈

고무신을 신었으니

뒤로 가라고,

운동화 신은 키 큰 아이를 불러 내 자리에 앉혔다

초등학교 앨범을 펼쳐도

맨 뒷줄

내 얼굴은 보이지 않는다

까치발로 서 있던 부끄러운 그 시간이

흑백사진 속 어딘가에 숨어있다

  ―「졸업사진」전문

  기억의 가치는 "다시 돌아갈 수 없다는 사실"에서 우러나온다는데, 어쩌자고 '선생님'은 어린 제자에게 다시 돌아가기가 꺼려지는 기억을 선물한 걸까. '졸업사진'의 주인인 화자에게 흑백사진 속 "까치발로 서 있던 부끄러운 그 시간"은 현재와 단절된 시간이라 말할 수 없다. 과거와 무관하게 현재가 성립하는 게 아니므로, 마치 가느다란 실과 실이 꼬여 굵은 밧줄이 만들어지듯 시인의 현재는, 키 작은 아이의 죄 없이 부끄러웠던 과거를 근거로 존재한다. 토마스 트란스트뢰메르는 "우리가 던진 돌들이 유리처럼 선명하게/ 세월

속으로 떨어지는 소리를 듣는다./…/ 우리의 모든 행위들이/ 유리처럼 선명하게 떨어진다./ 바로 우리들 자신/ 내면의 바닥으로."(「돌」, 이경수 옮김)라고 노래한다. 그런즉 숱한 '선생님들'이 던진 "부끄러운 시간"의 돌은 세월 속으로, 우리들 현재의 내면으로 떨어진다. 과거의 그 시간을 향수도 없이 불현듯 기억하는 내면으로 떨어지고 또 떨어진다. 떨어지면서 우리를 쿵, 하고 때린다. 쿵, 하고 때리고 쿵, 하고 때린다. 그래서 마침내 어떤 내면은 금이 가고 부스러지며, 비수처럼 날카로운 모서리를 지니게 된다.

그렇지만 마경덕 시의 내면은 슬픔을 기쁨으로, 고통을 노래로 바꾸어 부른다. 다음의 시는 삶의 특정한 체험을 더듬어 가는 과정을 통해 '고통이 기적'이라는 역설에 도달한다.

병病은 사람을 재료로 쓴다
식도, 간, 위장, 췌장, 자궁… 병실마다 재료는 넘친다

부위별로
또는 온몸이 재료가 되면 도마 같은 수술대에 누워야 한다

통증은 과정이고 완성된 작품은 죽음이다
〈

메스보다 빠르게 다녀간 가족력家族歷

우주복을 입은 아이들마저 중력을 잃고 허우적거린다

출처를 밝혀 뿌리를 뽑거나 항생제로 고사枯死를 시키거나,

인간의 방법은 진부해서
스스로 재료가 되겠다고 몸을 내놓은 사람도 있다

어느 날 배송된 특별한 선물
호명된 자들이 포상지를 푸는 순간, 모두 포장이 되어 사라졌다

더러, 주재료에 간절한 부재료가 첨가되면 기적은 일어난다
말의 재료는 마음이어서
절망에 기도라는 처방전이 더해지면 하늘의 귀가 열린다

신도 인간을 사용할 때 가장 큰 기적을 일으킨다
 - 「기적의 재료」 전문

끔찍한 질병이 신이 인간을 사용하는 '기적의 재료'라는 것은 세상을 견디는 주체들에 대한 마경덕 시의 해석을 역설

적으로 보여준다. 이 역설적 해석 안에서 시적 주체들은 스스로의 의미론적 속성을 보유한다. "밝히는 것들만 살아남는"(「물컹한 돌」), 깨지고 부서지는 걸 모르는 부드러운 강인함이 작고 소외된 이들의 속성인 것이다. 다음은 부정적 상황 속에서도 최선을 다해 일어서는 마경덕 시의 주체다. 하나의 독립적 상징물이기도 한 이 주체는 우리가 알고 있는 세계를 초과하며 세상에 대한 시인의 대응 방식을 여실히 드러낸다.

>하나님은
>저 소금쟁이 한 마리를 물 위에 띄우려고
>다리에 촘촘히 털을 붙이고 기름칠을 하고
>수면에 표면장력을 만들고
>
>소금쟁이를 먹이려고
>죽은 곤충을 연못에 던져주고
>물 위에서 넘어지지 말라고 쩍 벌어진 다리를
>네 개나 달아주셨다
>
>그래도 마음이 안 놓여
>연못이 마르면
>다른 데 가서 살라고 날개까지 주셨다
>〈

    우리 엄마도

    서울 가서 밥 굶지 말고, 힘들면 편지하라고

    취직이 안 되면

    남의 집에서 눈칫밥 먹지 말고

    그냥 집으로 내려오라고

    기차표 한 장 살 돈을 내 손에 꼭 쥐여 주었다

    그 한마디에

    객짓밥에 넘어져도 나는 벌떡 일어섰다

                                                           - 「객짓밥」 전문

  시에서의 '소금쟁이'는 객지 생활을 시작한 화자와 동일시되는 대상이다. 하나님이 소금쟁이에게 허락한 건 사자의 이빨이나 발톱, 하늘을 비상할 수 있는 독수리의 날개에 비해 너무나 보잘것없다. 마찬가지로 화자가 어머니께 받은 건 "눈칫밥 먹지 말고" 내려오라며 쥐어준 "기차표 한 장 살 돈"이 전부다. 그러나 소금쟁이의 날개만큼이나 빈약한 그 돈이 객짓밥을 먹고 넘어진 자신을 어느 때고 "벌떡" 일으켜 세웠다고 시인은 고백한다. 결과적으로 마경덕의 시는 현실적 삶의 고통을 부여안는 힘겨움과, 그것을 이겨내려는 갈망이 단단히 결합됨으로써 필연적으로 의지적이다. 시인에게 자신을 포함한 '연민의 대상'은 세계를 설명하는 한 방식이지만, 그 연민의 대상이 보여주는 '의지'는 현실에 길들여지지 않는 존재를 제시하는 또 하나의 방식인 것이다.

『악어의 입속으로 들어가는 밤』은 단정한 외관 밑에 시적 현대성을 감추고 있다. 시인이 그릇된 곳에서 새로움을 찾으려 하기 때문에 왜곡된 것을 찾게 된다는 T.S. 엘리어트의 말을 마경덕의 시는 모범적으로 비켜간다. 그의 시는 오래된 것이 새로운 것과 통하고, 문학의 현대성이 어째서 평범하고 상식적인지를 감동적으로 전달한다.

지금까지 마경덕의 시에서 드러난 마음의 추이를 살펴보건대, '연민'의 감정 곁에는 그것이 허무와 탄식으로 부식되는 걸 막아주는 다른 정서적 태도가 공존한다. 그것은 초라한 "네 입술과" 연약한 "내 입을 맞"(「초록입홍합」)추는 관계성의 행동양식, 한 장의 차표 값에 가치를 부여하는 의미 해석의 방식으로 드러난다. 비정한 현실을 직시하며 미화되고 이상화된 세계를 거부하는 그의 시는, 비애와 허무로만 점철되는 연민 역시 가짜라고 말해주는 것이다. "과거의 문장 속엔 찢어진 우산만 수두룩"하지만, 현재 마경덕의 시가 기록하는 건 "우산 쓰고 밖으로 나가고 싶"다는 "미래의 문장"(「비문非文의 날들」)이다. 오래전 "목수인 아버지"의 망치질에 "나무의 뼈가 이어지고/ 기둥이 서고/ 지붕이 덮이고/ 집들이 일어섰"(「못주머니」)던 것처럼, 시인에게 '연민의 대상'들과 '아픈 과거'는 현재라는 튼튼한 "근육"(「근육들」)을 형성하며 귀납적으로 밝고 씩씩하게 당도한다.